Johannes vom Kreuz
Ihn will ich suchen,
den meine Seele liebt

Johannes vom Kreuz

Ihn will ich suchen, den meine Seele liebt

Gebete und Betrachtungen

Herausgegeben vom Karmel in Mailand

VERLAG NEUE STADT
MÜNCHEN · ZÜRICH · WIEN

Originaltitel der italienischen Ausgabe
Specchiamoci nella tua bellezza

Übertragung ins Deutsche: Hans Beyrink

CIP-Kurztitelaufnahme der Deutschen Bibliothek

Juan ⟨de la Cruz⟩

Ihn will ich suchen, den meine Seele liebt : Gebete
u. Betrachtungen / Johannes vom Kreuz.
Hrsg. vom Karmel in Mailand.
[Übertr. ins Dt.: Hans Beyrink].
– 2. Aufl. – München; Zürich; Wien:
Verlag Neue Stadt, 1988
ISBN 3-87996-200-6

1988, 2. Auflage

Umschlaggestaltung: Josef Schaaf
Umschlag-Abbildung:
Federzeichnung des hl. Johannes vom Kreuz
Satz: Typobauer Filmsatz GmbH, Ostfildern
Druck: Mühlberger GmbH, Gersthofen
ISBN 3-87996-200-6

Vorwort

Wie würde Pater Johannes vom Kreuz reagieren, wenn er dieses Büchlein in die Hand bekäme? Wäre er froh über eine Zusammenstellung von Gebeten aus seinen Schriften? Sicher ist es müßig, eine solche Frage zu stellen; aber vielleicht kann sie uns hinführen zu diesem Menschen, dessen Leben und Wirken zu seiner Zeit wie auch heute von ungeheuren Kontrasten geprägt war. Wer sich mit Johannes vom Kreuz beschäftigt, wird innerlich Stellung beziehen, ihn bewundern oder ablehnen. Auf manche wirkt er weltfremd und unverständlich, für andere gilt er auch heute als zeitgemäßer Lehrer des Gebets und des inneren Lebens. Nicht nur im christlichen Raum beschäftigt man sich mit den Werken des Kirchenlehrers, auch in den großen Religionen der Welt findet sich ein zunehmendes Interesse an der Erfahrung des „Doctor Mysticus".
Johannes vom Kreuz war äußerst skeptisch gegenüber Menschen, die andere zu Gott führen wollten und glaubten, den Weg weisen zu können. Wer keine große Ehrfurcht vor dem Wirken Gottes im anderen hat, den bezeichnet er als „einen Seelenführer, der nur daraufloszuhämmern versteht und mit den Seelen wie ein Grobschmied umgeht". „Solche Führer... pfuschen mit plumper Hand in das Werk der göttlichen Hände." Seelenführung war für den Karmeliten vor allem ein Lau-

schen, ein Empfangen, ein Armwerden an eigenen Vorstellungen und Wünschen. Jeder sollte den Weg finden, auf dem Gott ihn führen will; jeder sollte so beten lernen, wie es ihm, seiner Geschichte und seiner Art entspricht. Dazu braucht es vor allem das Vertrauen und das Erkennen, wer Gott ist und wer wir sind. Wer sich nicht von Gott führen läßt, den vergleicht Johannes mit einem kleinen Kind. „Will es die Mutter auf den Arm nehmen, strampelt und weint es, weil es selbst gehen will, obwohl es noch nicht laufen kann oder nur mit Kinderschritten." Aus Sorge, daß Christus nicht der alleinige „Meister" für das Beten bleibt, wäre Johannes vom Kreuz vielleicht nicht so glücklich über eine Zusammenstellung seiner Gebete; er würde befürchten, daß sie den Christen stören könnten in seinem persönlichen Sprechen mit Gott. Aber der erfahrene Seelenführer Johannes vom Kreuz weiß auch, wie sehr wir eine Antwort suchen auf die Frage: Wie sollen wir beten? Wie können wir mit Gott sprechen, wenn wir ihn nicht sehen? Jesus antwortete seinen Jüngern und lehrte sie das Vaterunser. Mit Gott sprechen wie mit einem Vater, hinhören auf seine Worte müßte uns so selbstverständlich werden wie der Umgang mit unseren Bekannten, mit unseren Kindern und Kollegen. Auf diesem Weg kann es uns eine Hilfe sein zu erfahren, wie andere das machen. Und da ist Johannes vom Kreuz gerne bereit, Auskunft zu geben über sein Verhältnis als Jünger Christi zu seinem lieben Vater im Himmel.
Die hier zusammengetragenen Gebete wurden nicht zum Nachsprechen formuliert. Denn für Johannes ist das Schönste am Beten nicht das, was wir Gott sagen,

worum wir ihn bitten, sondern zu verstehen, was Gott uns sagen möchte. Mit Gott sprechen ist vor allem ein Empfangen, ein schweigendes Beim-anderen-Sein. Wie zwei Liebende, die sich viel zu sagen haben, aber einander besonders nahe kommen im Schweigen. Liebe hat keine Eile, sondern Zeit für das Du.

Johannes (1542–1591) trägt wie einen Familiennamen die Bezeichnung „vom Kreuz"; er hat mit diesem Namen, den er in seinem ersten Reformkloster annahm, den Grundzug seines Lebens zum Ausdruck gebracht. Seine Kindheit war geprägt von Armut. Nach dem frühen Tod seines Vaters mußte die Mutter mit dem kleinen Juan auf dem Arm bei den adligen Verwandten seines Vaters betteln gehen, wurde aber meist abgewiesen. Nur durch kleine Dienste, durch Mithilfe in einem Krankenhaus kann er seine Ausbildung bei den Jesuiten finanzieren.
Er tritt in den Orden der Karmeliten ein, studiert in Salamanca Philosophie und Theologie, wird aber enttäuscht von dem geistlichen Leben, das er dort kennenlernt. Da er einen möglichst strengen Orden sucht, trägt er sich mit der Frage, ob er nicht zu den Kartäusern gehen soll.
Von diesem Plan bringt ihn die 27 Jahre ältere Teresa von Avila ab, der er 1567 zum ersten Mal (in Medina del Campo) begegnet. Sie kennt sein Problem aus eigener Erfahrung und berichtet ihm über ihre Entscheidung, den Orden der Karmeliten nicht zu verlassen, sondern zu reformieren. Johannes wird ihr wertvollster Mitarbeiter bei diesem Werk.

Seine Mitbrüder lassen sich aber nicht für solche Reformgedanken gewinnen. Der Zwiespalt wird immer größer, schließlich kommt es so weit, daß sie ihren ent- und verschlossenen Bruder Johannes gefangennehmen, in einen Kerker werfen und wie einen Verbrecher behandeln. Die große Teresa schrieb damals: „Ich hielte es für besser, er wäre in die Hände der Mauren gefallen, denn diese hätten vielleicht mehr Mitleid mit ihm."
Nach neun Monaten bitterer Erfahrungen gelingt ihm die Flucht. Unermüdlich wirkt Johannes nun für die Gründung neuer Klöster und die Ausbildung der Brüder. Doch auch in dieser Zeit bleibt das Kreuz sein treuer Begleiter: 1591 wird er beim Generalkapitel von der Ordensleitung ausgeschlossen und in eine Einsiedelei geschickt. Ja, es kommt so weit, daß er vom Orden entfernt werden soll, weil er sich mit allen Kräften dafür einsetzt, daß in der neuen Gemeinschaft (der sogenannten Unbeschuhten Karmeliten) nicht so sehr das Organisatorische in den Vordergrund tritt, sondern mehr das charismatisch Neue. Nach einer schweren Krankheit stirbt Johannes 49jährig. Auf dem Hintergrund einer solchen Lebenserfahrung formulierte er das bekannte Wort: „Wo keine Liebe ist, bringe Liebe hin, und du wirst Liebe finden."

Der Ordensmann, der in besonders eindringlicher Weise Angst und Enttäuschung erlebt hat, der die Nacht der körperlichen, inneren und göttlichen Prüfung in ihrer ganzen Dunkelheit durchlitten hat, ist vielen geprüften Menschen zum Bruder, zum erfahrenen Weggefährten geworden. Er vergleicht das Leben mit der

Besteigung eines Berges. Der Weg wird beschwerlich sein, er kostet Mühen, Verzicht, Selbstverleugnung: ein Freiwerden von allem, was nicht Gott ist, doch es ist für den Christen der einzige Weg, der hinführt zur Schönheit und Liebe Gottes. „Denn das ist es, was Gott möchte: daß wir teilhaben an ihm." – „Wer könnte je beschreiben, was der Heilige Geist einem Menschen zu verstehen gibt, in dem er wohnen kann? Wer hat genügend Worte, um auszudrücken, was man dabei erlebt?"

Ein solches Leben kann uns ermutigen, wenn wir hinter den äußeren Formen und der oft ungewohnten Sprache dieses Dichters und Theologen die Entschiedenheit entdecken, mit der Johannes seinen Weg gegangen ist, wenn wir etwas von der Erfüllung und dem Glück ahnen, das ihn – in allem Dunkel – getragen hat. Niemand von uns hat die gleiche Berufung, jeder hat seinen eigenen Weg, doch wenn wir in unser Herz schauen, erkennen wir vielleicht die gleiche Sehnsucht, die Johannes bewegt hat: unendlich zu lieben und unendlich geliebt zu werden – schon jetzt in diesem Leben. Die Sehnsucht danach, etwas von der Weisheit zu erspüren, die Gott den Kleinen und Unmündigen offenbart (vgl. Mt 11,25). Die Sehnsucht, in unserer Zeit glaubwürdige Christen zu sein, Mystiker, das heißt Menschen, die die Liebe kennen und den Geliebten.

Wolfgang Bader

Frei werden von sich selbst

„Wo der Geist des Herrn wirkt,
da ist Freiheit.“
(2 Kor 3,17)

Damit alle Christus ähnlich werden

Mein Gott, meine Freude!
In diesen Mahnungen und Empfehlungen
will meine Seele ihre Liebe zu dir
zum Ausdruck bringen.

Doch dabei fehlt mir die Tugend,
die dir besser gefällt
als die Kenntnis dieser Dinge
und das Sprechen darüber.
Aber vielleicht werden andere
von diesen Worten angespornt,
in deinem Dienst und in der Liebe zu dir
voranzuschreiten.
Es wird für mich ein Trost sein,
wenn ich den Anstoß geben kann,
daß du in anderen findest,
was mir selber fehlt.

Herr, du liebst die Einsicht und das Licht;
aber mehr als alle anderen Werke
liebst du die Liebe.
Darum möchten diese Worte
die Richtung weisen,
wie man zu dir kommt,
ein Licht sein auf diesem Weg
und die Kraft der Liebe
vermitteln zum Weitergehen.

Fern mögen bleiben die Phrasen der Welt,
das leere Gerede, die fruchtlose und künstliche
Beredsamkeit menschlicher Weisheit.
Nie hast du daran Gefallen.
Zum Herzen wollen wir sprechen
mit Worten, die durchtränkt sind von Liebe;
denn daran hast du Gefallen.
So mögen Hindernisse und Barrieren
aus dem Weg geräumt werden,
damit niemand aus Unwissenheit strauchelt
oder in die Irre geht,
der deinem lieben Sohn folgen will,
unserem Herrn Jesus Christus,
damit alle ihm ähnlich werden.
Du, Vater der Barmherzigkeit, gewähre es ihnen;
denn ohne dich, Herr, kann nichts gelingen.

(Gebet zu Beginn der „Sinnsprüche")

Für mich — für dich

Mein Geliebter,
für mich will ich alles,
was hart und mühsam ist;
und alles,
was wohltuend und schön ist,
das will ich für dich.

(Weisungen der Liebe 50)

Was uns wahrhaft dient ...

Wie elend ist doch unser Leben;
wir befinden uns in großer Gefahr
und gelangen nur schwer zur Erkenntnis
der Wahrheit.
Was besonders klar und deutlich sein sollte,
was uns am ehesten hilfreich wäre,
das bleibt im Dunkel und Ungewissen,
und wir fliehen davor.
Doch was uns blendet
und in die Augen sticht,
danach greifen wir und dem jagen wir nach.
Das aber dient uns am wenigsten
und läßt uns stolpern bei jedem Schritt.

(Dunkle Nacht 2,16,12)

Der Weg

Wer sich abtötet in seinem Denken, in seinem Freuen und Empfinden, kommt ungehindert voran auf dem schmalen Weg. Denn auf diesem Weg zählt nur die Entsagung und das Kreuz. Das Kreuz ist der Stab, auf den man sich beim Wandern stützt. Darum sagt der Herr im Matthäusevangelium: „Mein Joch drückt nicht, und meine Last ist leicht" (11,30). Das Joch ist ein Bild für das Kreuz. Wenn der Mensch sich entschließt, sein Kreuz zu tragen, wenn er sich fest vornimmt, in allem das Schwere zu suchen und es für Gott auf sich zu nehmen, dann wird er große Erleichterung und Freude finden. So kann er – frei von allem – auf dem Weg vorangehen, ohne etwas für sich zu wollen. Wenn er aber noch an etwas hängt, und sei es auch von Gott, dann ist er nicht mehr losgelöst und allem abgestorben, und er kann den schmalen Pfad nicht bis zur Höhe erklimmen. Darum möchte ich alle, die im geistlichen Leben vorankommen wollen, davon überzeugen, daß der Weg zu Gott nicht in vielen Betrachtungen, Gebetsübungen und frommen Gefühlen besteht (wenn das auch für Anfänger in gewisser Weise notwendig ist), sondern allein darin: zu lernen, sich selbst zu verleugnen im Äußeren und Inneren, um Christi willen leiden zu können und sich in jeder Hinsicht abzutöten. Übt man sich darin, so ist alles andere mitgetan. Läßt man es aber an dieser Übung fehlen, die doch der Inbegriff und die Wurzel aller Tugenden ist, so sind alle anderen Übungen vergebliche Müh. Sie verhelfen zu keinem Fortschritt, wenn man auch noch so erhabene Betrachtungen anstellt und Eingebungen hat wie die Engel. Man schreitet nur dann voran, wenn man Christus nachfolgt, der „der *Weg*, die *Wahrheit* und das *Leben* " ist. Niemand kommt zum Vater außer durch ihn (vgl. Joh 14,6). An anderer Stelle sagt er: „Ich bin die Tür; wer durch mich hineingeht, wird gerettet werden" (Joh 10,9). Darum kann ich niemandem raten, er möge in Behaglichkeit und Bequemlichkeit seinen Weg gehen, ohne Christus nachzufolgen.

(Aufstieg zum Berg Karmel 2,7,7–8)

Nicht zum Mehr, sondern zum Weniger

Danach trachte allezeit, daß du geneigt bist:
nicht zum Leichteren, sondern zum Schwierigeren;
nicht zum Angenehmeren,
sondern zum Unangenehmeren;
nicht zu dem, was dir gefällt,
sondern zu dem, was dir weniger gefällt;
nicht zum Geruhsamen, sondern zum Mühsamen;
nicht zum Tröstlichen, sondern zum Betrüblichen;
nicht zum Mehr, sondern zum Weniger;
nicht zum Höheren und Wertvolleren,
sondern zum Minderen und Wertloseren;
nicht dahin, etwas zu wünschen,
sondern dahin, nichts zu wünschen.
Strebe in den Dingen dieser Welt
nicht nach dem Besseren,
sondern um Christi willen
nach Verzicht, Entbehrung und Armut.

(Aufstieg zum Berg Karmel 1,13,6)

Worauf es ankommt

Das Geschaffene vergessen,
um an den Schöpfer zu denken;
wachend und betend verharren
in der Liebe zum Geliebten.

(Fragment „Wege zur Vollkommenheit“)

Der Aufstieg zum Gipfel

Willst du alles genießen,
dann suche in nichts den Genuß.

Willst du alles besitzen,
dann nenne nichts dein eigen.

Willst du groß werden,
dann suche, nichts zu sein.

Willst du alles wissen,
dann suche, in nichts etwas zu wissen.

Willst du zu dem kommen, wonach du dich sehnst,
dann geh dorthin, wo du keinen Genuß findest.

Willst du erfahren, was du nicht weißt,
dann geh dorthin, wo du unwissend bist.

Willst du erlangen, was du nicht besitzt,
dann geh dorthin, wo dir alles fehlt.

Willst du werden, was du nicht bist,
dann geh dorthin, wo du nichts bist.

(Aufstieg zum Berg Karmel 1,13,11)

Der wahre Schatz

Sobald du dich an etwas klammerst,
hörst du auf, zum Ganzen zu streben.

Willst du zum Ganzen gelangen,
mußt du dich völlig von allem entäußern.

Wenn du so weit bist, das Ganze zu fassen,
sollst du es annehmen, ohne es haben zu wollen.

Denn wenn du im Ganzen etwas für dich
besitzen willst,
hast du nicht allein in Gott deinen Schatz.

(Aufstieg zum Berg Karmel 1,13,12)

Das Wort des Vaters

Der Vater hat uns seinen Sohn gegeben, der sein *Wort* ist – das einzige, das er ausspricht. In ihm hat er uns alles gesagt; mehr hat er nicht zu offenbaren. (...)
Wer den Herrn anrufen und ihn um eine Vision oder eine Offenbarung bitten würde, der beginge nicht nur eine Torheit, er würde Gott beleidigen; denn er hätte seine Augen nicht vollständig auf ihn gerichtet und würde etwas anderes oder etwas Neues verlangen.
Der Herr könnte ihm in folgender Weise antworten: „Wenn ich dir die ganze Wahrheit in meinem *Wort*, nämlich in meinem Sohn, kundgetan habe, wie kann ich dir noch eine andere Antwort oder Offenbarung geben? Richte deine Augen auf ihn allein, in dem ich dir alles gesagt und offenbart habe, und du wirst in ihm sogar mehr finden, als was du erbittest oder wünschst. Denn du erbittest Worte und Offenbarungen, die nur ein Teil sind; aber wenn du auf ihn blickst, dann findest du das Ganze. Denn er ist alles, was ich zu sagen und zu offenbaren habe, meine ganze Erscheinung und Offenbarung. Ich habe zu euch gesprochen, euch geantwortet, euch alles kundgetan und enthüllt, als ich IHN euch zum Bruder gab, zum Weggefährten und Meister, als Gabe und Unterpfand. Auf dem Berg Tabor kam ich mit meinem Geist auf ihn herab und sagte: ‚Dies ist mein geliebter Sohn, an dem ich mein Gefallen gefunden habe; auf ihn sollt ihr hören' (Mt 17,5). Von jenem Tag an hörte ich mit meiner früheren Belehrung und Beantwortung auf und übergab alles ihm: Hört auf ihn, denn ich habe kein anderes Glaubensgut und keine andere

Wahrheit zu offenbaren und kundzutun. Einstmals habe ich gesprochen, aber nur, um Christus zu verheißen. Die Menschen wandten sich an mich, um ihn zu erbitten und zu erwarten; in ihm sollten sie jegliches Gut finden. Das sagt euch die gesamte Lehre der Evangelisten und Apostel. Wer mich also jetzt noch in jener Weise befragte, daß ich ihm etwas sage oder offenbare, der würde mich gewissermaßen von neuem um Christus bitten. Statt den Glauben zu mehren, würde er ihn mindern, weil in Christus schon alles da ist. Auf diese Weise würde er meinen Sohn arg kränken, weil er nicht recht an ihn glaubte und weil er von ihm möchte, daß er aufs neue Mensch würde und noch einmal lebte und stürbe. Erbitte und wünsche also von mir keine Offenbarung oder Vision: Schau auf Christus; du wirst in ihm viel mehr gesagt und getan finden, als du dir wünschst.
Möchtest du, daß ich dir ein Wort des Trostes sage, so blicke auf meinen Sohn, wie er mir gehorsam war und aus Liebe zu mir Demütigungen und Leiden erfuhr; und du wirst sehen, was er dir zur Antwort gibt. Willst du, daß ich dir geheime Dinge und Geschehnisse offenbare: Richte deine Augen auf ihn! Du wirst die tiefsten Geheimnisse, die Weisheit und Wunder Gottes entdekken. In ihm sind sie enthalten, wie mein Apostel sagt: ‚In ihm sind alle Schätze der Weisheit und der Erkenntnis verborgen‘ (Kol 2,3). Diese Schätze der Weisheit sind für dich viel tiefer, freudvoller und nutzbringender als alles, was du wissen wolltest. Dessen rühmte sich derselbe Apostel, als er sagte, er habe nichts wissen wollen außer Jesus Christus, und zwar als den Gekreuzigten (vgl. 1 Kor 2,2). Willst du noch andere Visionen und

Offenbarungen von göttlichen und irdischen Dingen, dann schau auf ihn, den Menschgewordenen, und du wirst in ihm mehr finden, als du denkst. Der heilige Paulus sagt dazu: ‚In Christus allein wohnt wirklich die ganze Fülle Gottes' (Kol 2,9)."

Man darf also Gott nicht mehr auf jene Weise befragen; und es ist auch nicht nötig, daß er zu uns spricht. In Christus hat er alle Wahrheiten geoffenbart, und er wird nie mehr andere Wahrheiten zu offenbaren haben. Wer also noch irgend etwas Weiteres erfahren will, der sagt damit aus, daß Gott in seinem Sohn nicht alles gegeben hätte. Auch wenn man vorgibt, aus dem Glauben heraus so zu handeln, so steckt doch eine Neugier dahinter, die von einem unvollkommenen Glauben herrührt. Deshalb soll man keine Belehrung oder sonst etwas von Gott erwarten.

Als der gekreuzigte Christus sterbend ausrief: „Es ist vollbracht!" (Joh 19,30), endeten auch alle Riten und Zeremonien des Alten Bundes. Deshalb müssen wir uns in allem leiten lassen durch die Lehre Christi, durch seine Kirche und ihre menschlichen, sichtbaren Diener. Auf diesem Wege müssen wir unsere Unwissenheit und geistige Schwäche heilen lassen; denn für all das finden wir auf diesem Wege Heilmittel in Fülle. Alles, was über diesen Weg hinausgeht, ist nicht nur Vorwitz, sondern große Vermessenheit. Nichts anderes dürfen wir glauben als das, was Christus als Mensch lehrte und was seine menschlichen Diener lehren.

(Aufstieg zum Berg Karmel 2,22,3.5–7)

Der kleine Hirt

Ein kleiner Hirt steht einsam da,
von Schmerz erfüllt,
weitab von aller Freude und vom Glück.
Auf seine Hirtin hat er seinen Sinn gerichtet,
von Liebe ist sein Herz verwundet.

Er weint, nicht weil die Liebe ihn verwundet hat,
nicht weil der Schmerz ihn so sehr quält;
in seinem Herzen ist er tief getroffen,
er weint, weil er vergessen sich fühlt.

In dem Gedanken, er sei vergessen
von seiner schönen Hirtin, nimmt er hin,
in fremden Landen bittren Schmerz zu tragen;
von Liebe ist sein Herz verwundet.

Da spricht der kleine Hirt: „Unglücklich,
wer von meiner Liebe sich abgewendet
und meiner Gegenwart sich nicht mehr freut;
um seiner Liebe willen ist mein Herz verwundet."

Am Ende dann, an einem Baum erhöht,
weit breitet er die Arme aus;
tot hängt er da an jenem Stamm,
das Herz von Liebe tief verwundet.

(Aus den Gedichten)

Du entfernst dich nicht

Herr, mein Gott,
du entfernst dich nicht von dem,
der sich von dir entfernt;
wie kann jemand sagen,
du seiest ein abwesender Gott?

(Sinnsprüche 46)

Der Quell des Lebens

Ich weiß sehr wohl den Quell,
der entspringt und strömt,
auch wenn es Nacht ist.

Jener ewige Quell ist verborgen,
doch weiß ich genau, wo er entspringt,
auch wenn es Nacht ist.

Seinen Ursprung kenn' ich nicht, weil er keinen hat;
doch ich weiß, daß aller Ursprung aus ihm kommt,
auch wenn es Nacht ist.

Ich weiß, daß nichts Schöneres sein kann
und daß Himmel und Erde von ihm trinken,
auch wenn es Nacht ist.

Und ich weiß, daß kein Grund in ihm sich findet,
daß niemand ihn durchwaten kann,
auch wenn es Nacht ist.

Seine Klarheit wird niemals getrübt;
ich weiß, alles Licht ist aus ihm entsprungen,
auch wenn es Nacht ist.

So wasserreich sind seine Ströme,
daß sie Hölle, Himmel und Völker bewässern,
auch wenn es Nacht ist.

Der Strom, der diesem Quell entspringt,
den weiß ich wohl von großer Kraft und Allmacht,
auch wenn es Nacht ist.

Der Strom, der aus diesen zwei hervorgeht,
dem ist keiner der beiden andern voraus,
auch wenn es Nacht ist.

Dieser ewige Quell ist verborgen
in dem lebendigen Brot, uns Leben zu geben,
auch wenn es Nacht ist.

Hier ruft er herbei die Geschöpfe,
und sie trinken von diesem Wasser im Dunkeln,
da es ja Nacht ist.

Diesen lebendigen Quell, den ich ersehne,
im Brot des Lebens seh ich ihn schon,
wenn es auch Nacht ist.

(Aus den Gedichten)

Die Quelle der Ruhe

O innigste Liebe Gottes
so wenig erkannt!
Wer ihre Quelle entdeckt,
hat Ruhe gefunden.

(Sinnsprüche 15)

An den Flüssen Babylons

An den Ufern der Flüsse,
die ich in Babylon sah,
saß ich weinend
und netzte mit Tränen die Erde.

Dort erinnerte ich mich deiner, Sion,
meines Vaterlandes, das ich so liebte.
Süß war die Erinnerung an dich,
sie mehrte noch meine Trauer.

Die Festtagsgewänder legte ich ab,
Arbeitskleider zog ich an;
an die grünen Weiden hängte ich
die Zither, die ich bei mir trug.

Ich legte sie beiseite in der Hoffnung
auf das, was ich von dir erwartete.
Dort hat mich die Liebe verwundet
und mir das Herz entrissen.

Ich bat sie, mich zu töten,
da sie so sehr mich quälte.
Ich stürzte mich in ihr Feuer
und wußte, es würde mich verbrennen.

Wie ein Vogel, der in die Flammen
hineinfliegt und stirbt,
so starb ich in mir,
und in dir allein lebte ich auf.

In mir starb ich für dich,
und durch dich erstand ich zu neuem Leben.
Im Augenblick, als ich zu dir rief,
verlor ich das Leben und fand es wieder.

(Aus: Romanze 10)

Wenn ich dich vergessen würde

An meinem Gaumen klebe
die Zunge, mit der ich rede,
wenn ich dich vergäße,
fern im fremden Land.

Alles möge mir genommen werden,
was ich am meisten liebte,
wenn ich deiner nicht gedächte
und der Freude, die du schenktest,
wenn ich mich erfreuen wollte,
fern von dir, in fremdem Land.

(Aus: Romanze 10)

Immer neu

Du, Herr,
begegnest jedem,
der dich kränkt,
immer neu
mit Freude und Liebe.
Ich aber achte und ehre nicht
immer neu
den, der mich kränkt.

(Sinnsprüche 43)

Gott suchen

„Sucht mich,
dann werdet ihr leben."
(Am 5,4)

Wo dein Geliebter weilt

O Seele, du schönstes aller Geschöpfe,
wie sehr sehnst du dich danach,
den Ort zu wissen,
wo dein Geliebter weilt,
um ihn zu finden
und eins zu werden mit ihm:
Du selbst bist doch der Ort,
an dem er weilt,
das Versteck, wo er sich verbirgt!
Freue dich,
daß dein Schatz und deine Hoffnung
dir so nahe sind
und in dir wohnen.
Du kannst gar nicht ohne ihn sein.
„Wisset", spricht der Bräutigam,
„das Reich Gottes ist mitten unter euch" (vgl. Lk 17,21).
Und sein Diener, der Apostel Paulus, sagt:
„Ihr seid der Tempel Gottes" (vgl. 2 Kor 6,16).

(Erläuterung zum „Lied der Liebe" B 1,7)

Wie Gott ins geistliche Leben einführt

Gott hat seine eigene Weise, uns zu unterweisen und ins geistliche Leben einzuführen: Er beginnt damit, daß er das Geistliche durch äußere, mit den Sinnen wahrnehmbare Dinge mitteilt, wie es der geringen Fassungskraft der Seele entspricht. Durch die Hülle dieser spürbaren oder sichtbaren Dinge, die in sich gut sind, soll der Geist hindurchdringen. Durch erste geistliche Erfahrungen bekommt die Seele nach und nach eine gewisse Vertrautheit in geistlichen Dingen und erkennt immer klarer das Wesen des Geistlichen, das frei ist von allem Sinnenhaften. Dahin kann die Seele nur allmählich kommen, und zwar immer durch die Sinne, an die sie gebunden ist.

Je mehr sich die Seele im Geist Gott nähert, desto mehr wird sie frei von den Wegen, die ihr die Sinne weisen, nämlich vom forschenden Nachdenken oder der Betrachtung mit Hilfe der Einbildungskraft. Damit die Seele eine ganz geistliche Beziehung zu Gott findet, muß alles Sinnenhafte aus ihr entfernt sein. So ist es ja auch in der Welt der Dinge: Je mehr sich etwas einem Extrem nähert, desto weiter entfernt es sich von dem anderen Extrem. Und wenn es mit dem einen ganz eins ist, dann ist es von dem anderen ganz und gar getrennt. Darum heißt es in einem bekannten geistlichen Sprichwort: „Hast du einmal den Geist gekostet, dann ist alles Fleisch dir schal." Das heißt: Alle Wege des Fleischlichen, im besonderen der Gebrauch der Sinne im geistlichen Leben, führen nicht mehr weiter und bereiten keine Freude mehr. Denn was zum Geist gehört, fällt

nicht unter das Sinnenhafte, und wenn etwas von den Sinnen erfaßt wird, dann ist es nicht mehr reiner Geist. Je mehr die Sinne und die natürliche Wahrnehmung etwas erfassen, desto weniger ist an Geistigem und Übernatürlichem darin enthalten.
Darum legt der vollendet geistliche Mensch keinen Wert auf die Sinne, noch nimmt er durch sie etwas auf. Vor allem bedient er sich ihrer nicht im Umgang mit Gott. Er bedarf ihrer nicht mehr wie einst, als sein Geist noch nicht gereift war. Genau das meint der heilige Paulus im ersten Korintherbrief, wenn er sagt: „Als ich ein Kind war, redete ich wie ein Kind, dachte wie ein Kind und urteilte wie ein Kind. Als ich ein Mann wurde, legte ich ab, was Kind an mir war" (1 Kor 13,11).

(Aufstieg zum Berg Karmel 2,17,5–6)

Der Weg zu Gott

Auf der Suche nach meinem Geliebten
will ich die hohen Tugenden üben,
mich erniedrigenden Abtötungen
und demütigenden Diensten unterwerfen.
Denn der Weg zu Gott besteht darin,
daß man in Gott das Gute tut
und in sich das Böse abtötet.

(Erläuterung zum „Lied der Liebe" B 3,4)

Wo hast du dich verborgen?

Wo, mein Geliebter, hast du dich verborgen?
Du hast mich trauernd hier zurückgelassen;
wie ein Hirsch bist du entsprungen,
nachdem du mich verwundet hast.
Ich lief dir nach und rief,
doch du warst entschwunden.

Über Berge und durch Täler
geh' ich meine Liebe suchen.
Keine Blumen werd' ich pflücken,
nicht fürchten das wilde Getier;
Feinde und Grenzen können
mich nicht aufhalten.

(Das Lied der Liebe 1.3)

Du kommst uns entgegen

Herr, mein Gott,
wer wird dich suchen
mit reiner und kindlicher Liebe
und dich nicht finden,
wie du es dir wünschst?
Du offenbarst dich denen,
die dich suchen,
und kommst ihnen entgegen.

(Sinnsprüche 2)

Wo hältst du dich verborgen?

„O mein Bräutigam, zeig mir den Ort, wo du dich verborgen hältst." Mit solchen Worten erbittet die Seele die Offenbarung seiner Gottheit. Denn der Ort, wo der Gottessohn sich verborgen hält, ist, wie der heilige Johannes sagt, der Schoß des Vaters (vgl. Joh 1,18). Seine Gottheit ist jedem sterblichen Blick entrückt und allem menschlichen Begreifen verborgen. Das wollte Jesaja zum Ausdruck bringen, als er sagte: „Wahrhaftig, du bist ein verborgener Gott" (Jes 45,15).

Daraus kann man entnehmen, daß die außergewöhnlichen Gnadenerweise, die Gefühle der Gottesnähe, die tiefen und erhabenen Erkenntnisse von Gott, die eine Seele in diesem Leben haben mag, mit dem Wesen Gottes nichts zu tun haben. Denn er bleibt in Wahrheit der Seele immer verborgen.

Darum muß man ihn trotz aller Gnadenerweise für verborgen halten und ihn suchen mit den Worten: „Wo hältst du dich verborgen?"

Denn weder die höchste Eingebung noch das Gefühl seiner Nähe sind ein sicheres Zeichen seiner gnadenvollen Gegenwart, wie auch das Ausbleiben all jener Tröstungen und die Trockenheit keine Zeichen seiner Abwesenheit sind. Das sagte Ijob mit den Worten: „Wenn er zu mir kommt, so sehe ich ihn nicht; und wenn er fortgeht, dann merke ich es nicht" (vgl. Ijob 9,11)

(Erläuterung zum „Lied der Liebe" B 1,3)

Regnet, Wolken, ihn herab!

Sähen meine Augen dich herabsteigen,
sie würden aufhören zu weinen.
Regnet, Wolken, ihn herab,
den die Erde erflehte.

Es öffne sich die Erde,
die uns nur Dornen brachte,
und sie bringe die einzige Blume hervor,
in der sie selbst erblüht.

(Aus: Romanze 5)

Die drei Zeichen

Der geistliche Mensch muß erkennen, wann der rechte Zeitpunkt gekommen ist, das nachsinnende Betrachten mit Hilfe von Bildern, Texten und Vorstellungen aufzugeben. Denn man soll weder früher noch später damit aufhören, als es der geistige Zustand erfordert. Wie es auf dem Weg zu Gott notwendig ist, rechtzeitig auf jenes bildhafte Betrachten zu verzichten, damit es nicht zum Hindernis wird, darf man es auch nicht vorzeitig aufgeben, damit man keine Rückschritte macht. Wenn es auch für den Fortgeschrittenen keine Hilfe ist, so dient es doch den Anfängern dazu, den Geist mit Hilfe des Sinnenhaften für das Geistige offen und empfänglich zu machen. Darum wollen wir im folgenden einige Kennzeichen und Merkmale aufzeigen, an denen der geistliche Mensch erkennen kann, ob es für ihn an der Zeit ist, jene Art des Betrachtens aufzugeben oder nicht. Wir unterscheiden drei solcher Merkmale.

Das *erste*: Man stellt fest, daß man nicht mehr mit seiner Vorstellungskraft betrachten und reflektieren kann und daß man nicht mehr die Freude daran findet wie früher. Was ehedem die Sinne in Bann zog und woran man Geschmack fand, das wird einem schal. Solches Betrachten darf aber nicht aufgegeben werden, solange man Kraft daraus schöpft und dabei reflektieren kann, es sei denn, man fände sich in den Frieden und die Ruhe versetzt, von denen beim dritten Zeichen die Rede ist.

Das *zweite*: Man empfindet nicht mehr den Wunsch, die Vorstellungskraft und den Sinn auf irgendeinen besonderen Gegenstand – äußerer oder innerer Art – zu richten. Damit ist nicht gesagt, daß die Phantasie nicht dennoch abschweifen könnte, was ja auch bei großer Sammlung vorzukommen pflegt; aber die Seele hat keine Freude daran, den Blick auf andere Dinge zu lenken.

Das *dritte* und sicherste Merkmal: Die Seele findet Freude daran, allein zu sein in liebendem Hören auf Gott, ohne besondere Erwägungen anzustellen. Sie bewahrt dabei den inneren Frieden und die Ruhe, ohne die Fähigkeiten des Gedächtnisses, des Verstandes oder des Willens in Anspruch zu nehmen, im besonderen ohne jenes Denken, das im logischen Fortschreiten von einer Vorstellung zur anderen besteht. Sie findet Gefallen an dem liebenden Hören und Erkennen, von dem ich sprach. Sie verzichtet dabei auf besondere Einsichten und sucht nicht das Verstehen.

Diese drei Kennzeichen sollte der geistliche Mensch in sich vereinigt finden, bevor er sich entschließt, das sinnenorientierte Betrachten aufzugeben und in den Zustand der Beschauung und die Welt des Geistigen einzutreten.

(Aufstieg zum Berg Karmel 2,13,1–5)

Geh in deine Kammer...

„Auf, geh in deine Kammer,
und verschließ die Türe hinter dir
(das heißt: verschließ deine Seelenkräfte
gegenüber allen Geschöpfen).
Verbirg dich für kurze Zeit“ (vgl. Jes 26,20).
Das heißt: Verbirg dich
für diesen Augenblick
des zeitlichen Lebens.
Denn wenn du in dieser kurzen Lebenszeit
mit aller Sorgfalt dein Herz bewachst,
wie es der Weise rät (vgl. Spr 4,23),
dann wird der Herr dir gewähren,
was er durch Jesaja zugesagt hat:
„Ich gebe dir verborgene Schätze“ (45,3).
Er wird uns das Wesen
und die verborgenen Schätze
der Geheimnisse offenbaren.
Das Wesen der Geheimnisse
ist Gott selbst;
denn er ist der Urgrund
und die Uraussage des Glaubens;
der Glaube aber ist das Geheimnis,
das Mysterium.

(Erläuterung zum „Lied der Liebe“ B 1,10)

Ihn will ich suchen, den meine Seele liebt

Mein Bräutigam,
mit deiner Berührung,
mit dieser Liebeswunde
hast du meine Seele herausgehoben,
nicht nur über alle Dinge,
sondern auch über mich selbst;
ja, es scheint sogar,
daß du sie selbst dem Körper entziehst.
Du hast mich hingezogen zu dir;
und während ich, losgelöst von allem,
nach dir rief,
um eins zu werden mit dir –
da warst du entschwunden!

Da ich mich deiner Gegenwart versichern wollte,
habe ich dich nicht gefunden:
Leer blieb ich und entblößt von allem.
Deiner und meiner Nähe beraubt,
litt ich in liebendem Verlangen.
Da sagte ich:
„Ich will mich aufmachen
und die Stadt durchstreifen,
die Gassen und Plätze;
ihn will ich suchen,
den meine Seele liebt“ (vgl. Hld 3,2).

(Erläuterung zum „Lied der Liebe“ B 1,20–21)

Wer mir die grösste Freude schenkt

Der Vater sprach zum Sohn:

Wenn mir etwas Freude geben kann,
dann finde ich es nur in dir;
und wer dir am meisten gleicht,
kann mir die größte Freude schenken.

Und wer in nichts dir gleicht,
kann in mir nichts finden.
Du Leben meines Lebens,
in dir allein gefalle ich mir.

Du bist Licht von meinem Licht,
meine ungeschaffene Weisheit,
Abbild meines Wesens,
in dem ich meine Freude finde.

Wenn einer dich liebte,
würde ich mich selber ihm geben,
und die Liebe, die ich zu dir habe,
würde ich ihm schenken,
denn er hat den geliebt,
den ich unendlich liebe.

(Aus: Romanze 2)

Er allein ist mein Leben

Sprecht mit meinem Geliebten:
über meine *Sehnsucht,*
er allein ist mein Heil,
er möge es mir geben;
über mein *Leid,*
er allein ist meine Freude,
er möge sie mir schenken;
über mein *Sterben,*
er allein ist mein Leben,
er möge es mir geben.

(Erläuterung zum „Lied der Liebe“ B 2,8)

Offenbare dich ganz!

Wer kann mich heilen?
Gib dich in Wahrheit ganz,
und sende mir nicht
nur einen deiner Boten,
der mir nicht sagen kann,
was ich von dir erhoffe.

Alle, die dich kennen
und deine große Gnade rühmen,
sie mehren nur meine Schmerzen,
meine Sehnsucht, die in mir brennt,
nach dem, wovon sie stammelnd sprechen.

Mein Leben, wie kannst du bestehen,
da du nicht in dem lebst, von dem du lebst?
Schon verwunden dich tödlich
die Gaben der Huld und Schönheit,
die der Geliebte dir schenkte.

Wenn du dies Herz verwundet hast,
warum heilst du es nicht?
Wenn du es mir geraubt hast,
warum hast du es verlassen
und nimmst die Beute nicht an dich?

Lindre doch meine Qualen;
nur du kannst sie beenden.
Laß meine Augen auf dich blicken,
denn von dir kommt ihr Leuchten,
und für dich allein möchte ich es bewahren.

Offenbare dich mir ganz,
laß mich in deiner Schönheit sterben;
denn kein andres Heilmittel
kann den Schmerz meiner Liebe lindern,
als dich zu sehen und zu erfahren.

(Das Lied der Liebe 6–11)

Schenk dich mir ganz!

Keine Lust der Welt,
keine Befriedigung der Sinne
und keine stille Freude des Geistes
kann mich heilen.
Daher bitte ich:
Schenk dich mir ganz!
Laß mich dich
nicht mehr so unvollkommen erkennen
wie durch jene Boten, die mir
Zeichen und Vorahnungen von dir bringen;
denn das ist weit entfernt von dem,
was meine Seele von dir ersehnt.
Du weißt es, mein Bräutigam:
Wenn man darunter leidet,
weil der Geliebte nicht da ist,
vermehren die Boten nur den Schmerz.
Denn ihre Botschaft
öffnet von neuem die Wunde,
und ihr Kommen zeigt,
daß dein Kommen sich verzögert.
Darum schicke mir
nun nicht mehr diese Zeichen.
Bislang haben sie genügt,
da ich dich noch nicht so gut kannte
und nicht so innig liebte.
Jetzt aber gibt sich meine Liebe
nicht mehr zufrieden mit diesen Boten.
Daher bitte ich:
Schenk dich mir ganz!

Herr, mein Bräutigam,
gib mir doch endlich ganz,
was du mir jetzt nur in Teilen
zukommen läßt.
Was du mir jetzt
gleichsam durch einen Türspalt zeigst,
das zeig mir endlich ganz.
Und was du mir mitteilst durch Boten,
gleichsam nur zum Scheine,
das zeig mir endlich im Ernst,
und teile dich selber mit.
Manchmal schien es mir,
daß du dich mir schenken wolltest
als kostbaren Besitz,
doch wenn meine Seele sich umsah,
fand sie dich nicht;
du hast dich ihr immer wieder entzogen,
das heißt, du hast dich nur zum Schein gegeben.

Schenk dich mir ganz,
gib dich ganz in meine Seele...
Sei du selbst für mich
die Botschaft und der Bote.

(Erläuterung zum „Lied der Liebe“ B 6,3.6.7)

Zeige mir dein Antlitz!

Zeige mir dein Antlitz,
damit ich dich erkenne
und vor deinen Augen
die ersehnte Gnade finde.
Damit ist die Gnade gemeint,
Gott vollkommen zu lieben
in seiner Herrlichkeit.
(Und der Herr antwortet auf diese Bitte:)
„Etwas Schweres verlangst du von mir.
Die Schönheit meines Antlitzes
und das Glück,
das die Schau meines Wesens gewährt,
sind so groß,
daß es deine Seele nicht ertragen kann
in diesem hinfälligen Leben."
(Der Liebende antwortet:)
„Wenn das Glück, dein Wesen
und deine Schönheit zu schauen,
so groß ist,
daß ich es nicht ertrage
und daran sterbe,
dann möchte ich sterben
vor deinem Angesicht in deiner Schönheit."

(Erläuterung zum „Lied der Liebe" B 11,5–6)

Entferne den Schleier!

O Glaube Christi, meines Bräutigams,
du hast mir die Wahrheiten
über meinen Geliebten mitgeteilt,
eingehüllt in Dunkel und Finsternis;
offenbare sie mir nun in aller Klarheit!
Enthülle mir, was ich
kaum erkennen konnte;
verschleiere nicht länger diese Wahrheit,
offenbare mir die Herrlichkeit Gottes.

(Erläuterung zum „Lied der Liebe" B 12,2)

Öffne mir die Augen!

Es ist mein Begehren,
daß du mir klar und unverschleiert
jene Wahrheiten offenbarst,
die du mir dunkel und verhüllt
in den Glaubenssätzen zeigst.
Diese Wahrheiten sind wie Augen,
weil sie der Seele
die Gegenwart des Geliebten schenken,
dessen Blick immer auf ihr zu ruhen scheint.

(Erläuterung zum „Lied der Liebe“ B 12,5)

Eins werden mit dem Herrn

„Meine Speise ist es,
den Willen dessen zu tun,
der mich gesandt hat.“
(Joh 4,34)

Wie ein einsamer Sperling

Ich öffnete die Augen meines Verstandes
und fand mich über aller natürlichen Erkenntnis
wie ein einsamer Sperling auf dem Dach,
das heißt, erhoben über alle irdischen Dinge.

(Erläuterung zum „Lied der Liebe" B 14 und 15,24)

Die übernatürliche Vereinigung

Um die Vereinigung der Seele mit Gott zu verstehen, muß man bedenken, daß der Herr in jeder Seele – auch in der des größten Sünders – wohnt und gegenwärtig ist. Immer besteht eine solche Vereinigung zwischen den Geschöpfen und dem Schöpfer, wodurch er sie in dem ihnen eigenen Sein erhält. Würde diese Einheit fehlen, so würden alle Geschöpfe aufhören zu existieren und ins Nichts zurückfallen.

Wenn ich nun von der Vereinigung der Seele mit Gott spreche, so meine ich nicht jene substantielle, die immer Bestand hat, sondern die Vereinigung und Umwandlung der Seele in Gott, die nicht immer gegeben ist, weil sie die Ebenbildlichkeit der Liebe voraussetzt. Aus diesem Grunde bezeichne ich diese Vereinigung als Einheit der Ebenbildlichkeit, wie ich jene andere wesentliche oder substantielle Einheit genannt habe. Die eine ist natürlich, die andere übernatürlich. Sie kommt zustande, wenn der Wille der Seele und der Wille Gottes vollkommen übereinstimmen, so daß in dem einen nichts ist, was dem anderen widerstrebt. Wenn die Seele sich frei macht von dem, was nicht mit dem Willen Gottes im Einklang ist und ihm widerstrebt, wird sie durch Liebe umgewandelt in Gott.

(…) Wie wahr es auch ist, daß der Herr immer in der Seele weilt und ihr durch seine Gegenwart das natürliche Sein gibt und erhält, so teilt er ihr doch nicht immer das übernatürliche Sein mit. Letzteres wird nämlich nur aus Liebe und durch Gnade gewährt, und das sind Gaben, die nicht alle Seelen besitzen. Und auch jene, denen diese Gaben zuteil geworden sind, haben sie nicht im gleichen Grade: die einen befinden sich auf einer höheren Stufe der Liebe, die anderen auf einer niedrigeren Stufe. Gott schenkt sich am meisten dem, der in der Liebe weiter voran ist, das heißt dem, der seinen Willen dem seines Schöpfers angeglichen hat, so daß die Seele, die Gott gleichförmig und ähnlich geworden ist, wirklich mit ihm vereint und in ihn umgewandelt ist.

(Aufstieg zum Berg Karmel 2, 5, 3–4)

Damit deine Güte offenbar werde

Was deine Hoheit, Vater, beschlossen,
das gereicht mir zum Heil;
denn auf diese Weise
wird deine Güte offenbar.

Deine Allmacht wird man schauen,
deine Gerechtigkeit und Weisheit.
Ich werde sie der Welt verkünden
und deine Schönheit, deine Güte
und Herrlichkeit bekanntmachen.

Ich werde meine Geliebte suchen;
auf mich nehmen will ich
ihre Mühe und Last,
die sie so lang erduldet.

Damit sie das Leben habe,
will ich für sie sterben;
aus dem Abgrund will ich sie retten
und sie führen zu dir.

(Aus: Romanze 7 – Gebet Christi zum Vater)

Komm, Südwind, der du Liebe weckst!

Wie die hohen Gipfel ist mir mein Geliebter,
wie waldbewachsene Auen in der Einsamkeit,
wie wundersame Inselreiche,
wie die rauschenden Bäche,
wie das Säuseln lieblicher Lüfte.

Er gleicht der Nacht voll stiller Ruhe,
der schon das erste Licht des Morgens naht;
er ist wie eine leise Melodie,
wie eine Einsamkeit mit lieblichem Klang,
wie ein Abendmahl, das labt und Liebe bringt.

O fanget uns die Füchse doch
aus unserm Weinberg, der in Blüte steht;
und während wir uns Rosen winden,
den Tannenzapfen ähnlich dicht und voll,
erscheine niemand auf dem Hügel.

Halt ein, du Todeswind von Norden!
Komm, Südwind, der du Liebe weckst,
und weh durch meinen Garten,
damit die Wohlgerüche sich verbreiten;
und der Geliebte weilet inmitten der Blumen.

(Das Lied der Liebe 14–17)

Geh ein in das Innerste meiner Seele!

Mein Bräutigam, du mein Geliebter,
geh ein in das Innerste meiner Seele,
teile dich ihr mit im Verborgenen!
Offenbare ihr deine geheimnisvollen Wunder,
die allen sterblichen Augen fremd sind.

(Erläuterung zum „Lied der Liebe“ B 19,3)

Ganz mit dir allein

Könnte doch meine Natur,
befreit von aller Unreinheit
des Körpers und des Geistes,
sich unmittelbar und mit dir allein,
mit deiner Wesenheit vereinen.
In solch mystischer Vermählung
vereinigt sich die Seele mit Gott.

(Erläuterung zum „Lied der Liebe“ B 22,7)

Gott gibt sich in dieser inneren Vereinigung so vollkommen der Seele hin, daß weder die zärtliche Liebe einer Mutter zu ihrem Kind noch die Geschwisterliebe oder die Freundesliebe damit vergleichbar wären. Wie weit geht doch die Zärtlichkeit, die wahrhaftige Liebe des ewigen Vaters! Was für ein wundersames Geschehen! Um die Seele zu erhöhen, unterwirft er sich ihr, als ob er ihr Knecht und sie seine Herrin wäre. So weit geht die Demut, die zärtliche Liebe Gottes. In dieser Vereinigung erfüllt er in gewisser Weise jenen Dienst, den er gemäß dem Wort des Evangeliums seinen Auserwählten im Himmel erweisen wird: „Er wird sich gürten, sie am Tisch Platz nehmen lassen und sie der Reihe nach bedienen“ (Lk 12,37). Er beglückt und liebkost die Seele wie eine Mutter, die ihr Kind an die Brust nimmt und stillt. (...)
Was mag wohl die Seele empfinden, wenn ihr eine solch unvergleichliche Gnade zuteil wird? Wird sie die Liebe fassen können? Welche Dankbarkeit wird sie überwältigen, wenn sie sieht, wie das Herz Gottes für sie geöffnet ist in überreicher Liebe! Eingetaucht in eine solche Freude, gibt sie sich ganz Gott hin und schenkt ihm das Innerste ihres liebenden Willens. Sie empfindet und erfährt dasselbe wie die Braut im Hohenlied, die zum Bräutigam sagt: „Ich gehöre meinem Geliebten, und ihn verlangt nach mir“ (7,11).

(Erläuterung zum „Lied der Liebe“ B 27,1–2)

Ich gehöre meinem Geliebten

„Ich gehöre meinem Geliebten,
und ihn verlangt nach mir.
Komm, mein Geliebter,
wandern wir auf das Land,
schlafen wir in den Dörfern.
Frühmorgens wollen wir dann
zu den Weinbergen gehen
und sehen, ob der Weinstock schon treibt,
ob die Rebenblüte sich öffnet,
ob die Granatbäume blühen.
Dort schenke ich dir meine Liebe“ (Hld 7,11–13).
Das meint: Die ganze Kraft meines Willens
will ich freudig in deinen Dienst stellen.

(Erläuterung zum „Lied der Liebe“ B 27,2)

Nur ihn will ich lieben

Tief verborgen in meinem Innern
labte mich mein Geliebter;
und als ich in die Ebene mich wandte,
fand ich nichts mehr, was ich kannte –
auch nicht die Herde, der ich gefolgt war.

An seiner Brust ließ er mich ruhen
und lehrte mich ein kostbares Wissen.
Ich schenkte mich ihm,
ließ jeden Vorbehalt beiseite
und gab ihm das Versprechen, seine Braut zu sein.

Meine Seele hab' ich ihm geschenkt,
alles Meine in seinen Dienst gestellt;
die Herde habe ich verlassen
und trachte nach nichts anderem,
als ihn allein zu lieben.

(Das Lied der Liebe 26–28)

Als du mich anblicktest

Als mich deine Augen anblickten,
haben sie mir deine Schönheit eingeprägt;
und so konntest du mich noch mehr lieben.
Meine Augen wurden gewürdigt
anzubeten, was sie in dir geschaut haben.

Nun weise du mich nicht mehr von dir,
auch wenn du Makel an mir findest;
jetzt kann dein Blick mit Freude auf mir ruhn;
denn als deine Liebe auf mich schaute,
hat Anmut sie und Schönheit mir verliehen.

(Das Lied der Liebe 32–33)

In Einsamkeit

In Einsamkeit lebte sie,
hat dort ihr Nest gebaut,
in Einsamkeit
geleitete sie ihr Geliebter
ganz allein, auch er von Liebe entbrannt.

(Das Lied der Liebe 35)

LASS UNS DEINE SCHÖNHEIT SEHEN!

Laß uns deine Schönheit sehen!
Laß uns einander tatkräftig lieben,
damit wir im ewigen Leben
deine Schönheit sehen.
Verwandle mich in deine Schönheit,
daß wir uns, einer im andern,
in deiner Schönheit sehen.
Dann wird jeder seine Schönheit
im anderen schauen.
Denn die Schönheit des einen
ist die des anderen,
und sie ist ausschließlich deine,
in die ich hineinverwandelt bin.
So werde ich dich in deiner Schönheit schauen,
und du wirst dich in mir schauen
in deiner Schönheit.
Ich aber werde mich in dir schauen
in deiner Schönheit.
So werden ich und du
erscheinen in deiner Schönheit.
Meine Schönheit wird die deine
und deine Schönheit wird die meine sein.
So werde ich du
und du wirst ich sein,
denn deine Schönheit
wird die meine sein.

(Erläuterung zum „Lied der Liebe“ B 36,5)

Du kristallklare Quelle

Du kristallklare Quelle,
in deinem glitzernden Spiegel bilde
die Augen, die ich ersehne,
die schon vorgezeichnet sind in meinem Innern!

Laß sie nicht offen, mein Geliebter,
sonst flieg ich davon.

Kehre doch um, meine Taube,
da schon der verwundete Hirsch
sich blicken läßt auf dem Hügel
und sich erquickt an deinem Fluge.

(Das Lied der Liebe 12–13,1.2)

Wonach meine Seele verlangt

Mein Geliebter, laß uns fröhlich sein!
Laß uns einander schauen in deiner Schönheit!
Zum Berge und zum Hügel laß uns gehen,
wo die Quellen rein und ungetrübt entspringen.
Laß uns weiter vorwärts dringen!

Dann laß uns unsre Schritte lenken
zu den steilen Felsenklüften,
die in den Tiefen sich versenken.
Laß uns dahin eilen und uns dort verweilen,
um uns am Moste der Granatfrucht zu erfreuen.

Dort wirst du mich unterweisen,
wonach meine Seele so sehr verlangt.
Dort wirst du mir, du mein Leben,
Anteil geben an dir,
wie du mir einst voll Huld versprochen hast.

(Das Lied der Liebe 36–38)

Die Weisheit in deinen Wunderwerken

Laß uns eindringen in die Tiefe deiner Wunderwerke
und deiner unerforschlichen Ratschlüsse!
Sie sind so zahlreich und verschiedenartig,
in ihnen ist eine solch überwältigende Weisheit
und eine solche Fülle von Geheimnissen verborgen,
daß man sie - wie David es gesagt -
mit einem überwucherten Dickicht vergleichen kann.
„Der Berg Gottes ist ein üppiger Berg,
er ist ein überwucherter Berg."

(Erläuterung zum „Lied der Liebe" B 36,10)

Umgewandelt werden in Gott

*„Weil ihr aber Söhne seid,
sandte Gott den Geist seines Sohnes
in eure Herzen.“
(Gal 4,6)*

Die lebendige Flamme

Die Liebe verwundet,
schenkt ihre eigenen Freuden;
mit lichten Flammen zärtlicher Liebe
fügt sie der Seele Wunden zu
und erfüllt sie
unbefangen und anmutig
mit ihren Künsten und Spielen,
als wäre sie in einem Hochzeitssaal.

(Erläuterung zur „Lebendigen Liebesflamme“ B 1,8)

In der Umwandlung durch die Liebe nimmt die Seele teil am Leben des Heiligen Geistes. Dieser erhebt sie durch seinen göttlichen Hauch in wunderbarer Weise, vervollkommnet und befähigt sie, Gott in der gleichen Weise zu lieben, wie der Vater den Sohn und wie der Sohn den Vater liebt; und diese Liebe ist der Heilige Geist selbst. Er läßt die Seele in der Einheit mit dem Vater und dem Sohn an seinem Leben teilhaben, um sie in der Umwandlung mit sich zu vereinigen. Denn diese Umwandlung wäre nicht echt und vollkommen, wenn die drei Personen der Heiligsten Dreifaltigkeit nicht offenbar und wahrnehmbar einbezogen wären. Das Hauchen des Heiligen Geistes erfüllt die Seele mit einer so erhabenen und unvergleichlich innigen Seligkeit, daß kein menschliches Wort und kein menschlicher Verstand sich auch nur annähernd einen Begriff davon machen können. Die Erfahrung der in diesem Leben erreichbaren Umwandlung der Seele ist in Worten nicht auszudrücken. Vereinigt mit Gott, umgewandelt in ihn, atmet die Seele Gott in Gott, haucht denselben göttlichen Atem, den er bei ihrer Umwandlung in sich aushaucht.

Wenn der Seele schon hier auf Erden diese Umwandlung zuteil wird, dann findet dieses wechselseitige Aushauchen zwischen Gott und der Seele sehr häufig statt. Es ist begleitet von der innigsten Seligkeit; aber diese Wonne ist nie so ausgeprägt und offenbar wie im anderen Leben. Das ist, wie ich meine, der Sinn der Worte des heiligen Paulus: „Weil ihr Söhne seid, sandte Gott den Geist des Sohnes in eure Herzen, den Geist, der ruft: Abba, Vater" (Gal 4,6). Diese Verheißung verwirklicht sich für die Seligen im anderen Leben und für die Vollkommenen hier auf Erden, und zwar in der von uns beschriebenen Weise. Es darf uns nicht unmöglich erscheinen, daß sich dies vollzieht; denn durch ihre Teilnahme am Leben Gottes atmet die Seele in Gott, wie Gott in ihr. Wenn Gott die Seele einst in gnadenvoller Weise mit der Heiligsten Dreifaltigkeit vereinigt, wodurch sie vergöttlicht, durch Teilhabe Gott wird, wer kann es dann für unmöglich halten, daß die Seele schon hier in ihrem Verstehen, Wollen und Lieben in der Heiligsten Dreifaltigkeit wirkt oder – besser gesagt – gewirkt hat, vereint war mit ihr wie der Dreieinige Gott selbst? Dies geschieht immer durch Mitteilung und Teilnahme, da Gott selbst wirkt. Umgewandelt in die drei Personen der Macht, der Weisheit und der Liebe ist die Seele Gott ähnlich. Damit sie zu dieser erhabenen Lebensweise gelangen kann, schuf Gott sie nach seinem Bild und Gleichnis.

Unserem Verstand fehlt es an Wissen und Worten, um dieses Geheimnis zu erklären. Wir müssen uns auf den Hinweis beschränken, daß uns der Sohn Gottes zu solch erhabener Höhe emporgehoben und uns jene unverdiente Würde verliehen hat, Söhne Gottes sein zu können. Jesus selbst hat nach den Worten des heiligen Johannes die Bitte an den Vater gerichtet: „Vater, ich will, daß alle, die du mir gegeben hast, dort bei mir sind, wo ich bin. Sie sollen meine Herrlichkeit sehen, die du mir gegeben hast" (Joh 17,24), das heißt, daß sie durch uns das gleiche wirken wie ich meiner Natur nach, nämlich das Hauchen des Heiligen Geistes. Jesus sagt ferner: „Vater, ich bitte dich nicht nur für diese hier, sondern auch für alle, die durch ihr Wort an mich glauben, damit alle eins seien, wie du in mir und ich in dir, damit auch sie in uns eins seien. Und ich habe die Herrlichkeit, die du mir gegeben hast, ihnen gegeben, damit sie eins seien, wie wir eins sind. Ich in ihnen und du in mir, damit sie vollkommen eins seien und die Welt erkenne, daß du mich gesandt und sie geliebt hast, wie du mich geliebt hast" (Joh 17,20ff), das heißt, indem du ihnen dieselbe Liebe mitteilst wie mir, nicht der Natur nach wie dem Sohne, sondern durch die einigende Umwandlung in der Liebe. Der Sohn wollte nicht zum Vater sagen: Die Heiligen würden der Wesenheit und Natur nach eins mit ihm, wie der Vater und der Sohn eins sind, sondern durch die Einheit in der Liebe können sie wie der Vater und der Sohn in der Einheit der Liebe leben. Die Seelen besitzen dieselben Gaben durch Teilnahme, die dem Sohn von der Natur aus eigen sind, und so sind sie in Wahrheit Gott durch Teilnahme, ihm gleich, Gefährten Gottes. In diesem Sinn spricht auch der Apostel: „Gnade sei mit euch und Friede in Fülle durch die Erkenntnis Gottes und Jesu, unseres Herrn. Alles, was für unser Leben und unsere Frömmigkeit gut ist, hat seine göttliche Macht uns geschenkt; sie hat uns den erkennen lassen, der uns durch seine Herrlichkeit und Kraft berufen hat. Durch sie wurden uns die kostbaren und überaus großen Verheißungen geschenkt, damit ihr … an der göttlichen Natur Anteil erhaltet" (2 Petr 1,2–4). Diese Worte des heiligen Petrus geben uns klar zu verstehen, daß die Seele an der Natur Gottes selber teilnehmen wird und in ihm, in Verbindung mit ihm, wirken wird, weil sie teilhat am Leben der Heiligsten Dreifaltigkeit durch ihre wesenhafte Vereinigung mit Gott. Zwar wird sich diese Teilnahme erst im anderen Leben vollkommen verwirklichen; doch schon hier auf Erden bekommt die Seele, die diesen vollkommenen Stand erreicht – und die Seele, von der wir sprechen, hat diese Höhe erstiegen –, einen vorläufigen Eindruck und Vorgeschmack jener Gnade, die sich mit Worten nicht schildern läßt.

(Erläuterung zum „Lied der Liebe“ B 39,3–6)

Lebendige Liebesflamme

O du lebendige Liebesflamme,
die du in meiner Seele tiefstem Grund
so zart mir Wunden schlägst,
da nun die dunkle Nacht vorüber,
so führ dein Werk zu Ende,
und vereine mich mit dir.

O Feuer der Liebe,
o Wunde voller Wonne,
o sanfte Hand, die du so zart berührst
und Vorgeschmack des ew'gen Lebens gibst,
hast jede Schuld beglichen
und sterbend auch den Tod in Leben umgewandelt.

Ihr Lampen, voll von Feuer,
die ihr mit hellem Schein
der Sinne tiefe Höhlen,
einst blind und finster, so erleuchtet,
daß sie in ungewohnter Fülle
Licht und Wärme spenden dem Geliebten.

Sanft und liebend
wachst du in meinem Herzen,
verborgen und alleine,
und deines Odems süßer Hauch,
durchtränkt von Glück und Seligkeit,
entflammt mich zart zur Liebe!

Die Liebesflamme ist der Heilige Geist

Die Liebesflamme
ist der Geist des Bräutigams,
der Heilige Geist.
Ihn fühlt die Seele in sich,
nicht nur als Feuer,
das sie verzehrt und verwandelt in Liebe,
sondern auch als Feuer,
das aus ihr hervorbricht.
Wenn diese Flammen auflodern,
tauchen sie die Seele in unaussprechliches Glück
und erfüllen sie mit göttlichem Leben.

(Erläuterung zur „Lebendigen Liebesflamme“ B 1,3)

Im Innern meiner Seele beglückst du mich

O du lebendige Liebesflamme,
die du so zart mir Wunden schlägst.
O brennende Liebe,
du verklärst mich,
wie meine Seele es nur irgend ertragen kann.
Du gibst mir göttliche Einsicht,
wie sie mein Geist nur irgend aufnehmen kann.
Du erfüllst mich mit deiner Liebe,
wie mein Wille es nur irgend fassen kann.
Im Innern meiner Seele beglückst du mich
durch deine göttliche Nähe.

(Erläuterung zur „Lebendigen Liebesflamme“ B 1,17)

So bring dein Werk zu Ende!

Nun bist du mir nicht mehr dunkel
wie in der Vergangenheit,
sondern du bist das göttliche Licht
meiner Erkenntnis,
womit ich dich schauen kann.
Nun drückst du mich
in meiner Schwachheit nicht mehr nieder,
sondern bist die Stärke meines Willens;
ganz in göttliche Liebe verwandelt,
kann ich dich lieben und mich an dir freuen.
Für das Innerste meiner Seele
bist du nicht mehr Last und Bedrängnis,
sondern grenzenlose Seligkeit;
denn von mir kann man sagen,
was im Hohenlied gesungen wird:
„Wer ist sie, die da aus der Wüste hervortritt,
die von Wonne überströmt
und auf ihren Geliebten gelehnt
überall Liebe verbreitet?"
Und da es so ist, spricht die Seele:
„So bring dein Werk zu Ende!"
Das heißt: Vollende die mystische Vermählung
durch die beseligende Schau deiner Herrlichkeit.

(Erläuterung zu „Lebendige Liebesflamme" B 1,26.27)

Deine Hand hat mich berührt

O göttliche Hand,
wie sanft und liebevoll
berührst du meine Seele!
Die ganze Welt könnte es nicht ertragen,
wenn du sie kraftvoll auf sie legtest.
Wenn du die Erde nur ansiehst,
läßt du sie erbeben (vgl. Ps 104,32);
es erzittern die Völker
und zerbersten die Berge (vgl. Hab 3,6).

O sanfte und gütige Hand!
Auf Ijob ruhtest du
hart und schwer (vgl. Ijob 19,21),
als du ihn ein wenig
in deiner Strenge trafst;
auf meine Seele aber hast du dich freundlich
und liebend herabgesenkt,
du hast mich so gnädig und sanft berührt,
wie du jenem gegenüber streng warst.

Du tötest und schenkst Leben,
und niemand kann
deiner Hand entfliehen (vgl. Dtn 32,39).
O göttliches Leben,
du tötest nur,
um Leben zu geben,
und du verwundest nur,
um zu heilen.

Wenn du züchtigst,
berührst du sanft,
aber es genügt,
um die ganze Welt zu vernichten.
Wenn du aber die Seele erfreust,
zeigst du dich überaus gütig,
und unaussprechlich sind
die Tröstungen deiner innigen Liebe.

Du hast mich verwundet,
um mich zu heilen,
o göttliche Hand.

Du hast in mir getötet,
was mich im Tod gefangen hielt,
fern von dem göttlichen Leben,
das nun in mir erwacht.
Dies hast du vollbracht
mit deiner unsagbar großherzigen Liebe.
Du hast mich berührt
mit dem Abglanz deiner Herrlichkeit
und mit dem Abbild deines Wesens (vgl. Hebr 1,3)
durch deinen eingeborenen Sohn,
der eines Wesens mit dir ist
und machtvoll von einem Ende
des Weltalls bis zum anderen reicht (vgl. Weish 8,1).

Dieser dein eingeborener Sohn,
o barmherzige Hand des Vaters,
ist die zarte Berührung,
mit der du mich machtvoll
getroffen und verwundet hast.

O zarte Berührung,
Wort und Gottes Sohn,
der du in der Zärtlichkeit
deines göttlichen Wesens
in erhabener Weise
das Innerste meiner Seele durchdringst.
Während du sie zärtlich berührst,
erfüllst du sie
mit göttlicher Schönheit und Wonne,
wie man sie nie in Kanaan gehört,
noch in Teman gesehen (vgl. Bar 3,22).

Du überaus zärtliche und
einzigartige Berührung des Wortes!
Durch den Schatten deiner Macht und Kraft,
der vor dir herging,
hast du *die Berge umgewälzt*
und *die Felsen* auf dem Horeb *zermalmt.*
Du hast dich in zarter Weise
dem Propheten *im Säuseln*
eines sanften Hauches geoffenbart
(vgl. 1 Kön 19,11–12).

Du hauchzarte Luft,
sag mir doch,
wie du so innig berühren kannst,
da du als Wort und Sohn Gottes
so erhaben und mächtig bist!
Ganz selig ist die Seele,
die du so sanft und leise berührst,
wo du doch so erhaben und mächtig bist!

Künde es der Welt!
Allein du willst es ihr nicht künden,
denn sie hat kein Gespür
für dieses sanfte Wehen
und würde dich nicht verstehen,
weil sie dich weder erkennen
noch verstehen kann (vgl. Joh 14,17).

Mein Gott und mein Leben!
Nur jene werden dich
in deiner sanften Berührung
erkennen und erfahren,
die sich selber von der Welt losgelöst haben;
denn das Zärtliche wird nur von denen empfunden,
die dafür offen sind.
Du berührst sie um so sanfter,
je tiefer du in ihnen verborgen wohnst,
je mehr sie geläutert und gereinigt sind
und je mehr sie sich
von allen Geschöpfen losgelöst haben.
So verbirgst du sie
mit dem Schirm deines Angesichts
– mit deinem Wort –
vor dem Toben der Menschen (vgl. Ps 31,21).

O sanfte Berührung,
die du dich noch tausendfach
in anderer Weise zeigst,
um so wirksamer und fühlbarer,
je zärtlicher du bist!
Denn durch die Kraft deiner Zärtlichkeit

befreist und entledigst du die Seele
von allen anderen Berührungen der Geschöpfe;
du nimmst sie für dich allein in Besitz,
indem du sie mit dir vereinigst.

(Erläuterung zu „Lebendige Liebesflamme" B 2,16–18)

Lass mich dich ohne Ende lieben!

O Flamme des Heiligen Geistes,
die du mit inniger Zärtlichkeit
das Innerste meiner Seele durchdringst
und sie läuterst
durch dein beseligendes Feuer!
So groß ist deine Liebe zu mir,
daß du im ewigen Leben
dich ganz mir schenken willst.
Einst fand mein Flehen bei dir kein Gehör,
als ich Qual und Not der Liebe litt
wegen der Schwäche und Unreinheit
meines Geistes und Sinnes.
Ich flehte zu dir
und bat dich, mich freizumachen von mir
und mich zu dir zu erheben.
Inniges Verlangen trug meine Seele nach dir
und bestürmte dich um Loslösung von sich
und Heimkehr zu dir.
Doch ohne Kraft war meine Liebe,
da Sinn und Geist
noch nicht gereinigt waren.
Doch jetzt hat mich die Liebe stark gemacht,
so daß mein Herz und mein Fleisch
dem lebendigen Gott zujubeln (vgl. Ps 84,3).
Deshalb bitte ich dich um das,
was du selbst willst.
Was du aber nicht willst,
das will ich auch nicht.
Ja, nicht einmal der Gedanke kommt mir,

dich darum zu bitten.
Nun gelten meine Bitten viel mehr
und sind wohlgefälliger vor deinen Augen,
denn sie entspringen
deiner Eingebung und Anregung.
Und so bitte ich dich
in der Fülle und Freude des Heiligen Geistes,
da du auf mein Flehen achtest
und ihm Gehör schenkst:
Zerreiß das zarte Gewebe dieses Lebens,
und laß nicht zu,
daß es erst durch das Alter
und die Fülle der Jahre ein Ende nehme.
Laß mich dich in ganzer Fülle
und ohne Ende lieben,
wie es meine Seele ersehnt.

(Erläuterung zur „Lebendigen Liebesflamme“ B 1,36)

O selige Wunde

O selige Wunde,
von ihm geschlagen,
der nur zu heilen weiß!
O glückbringende Wunde,
nur gewirkt zur Beseligung;
dein Schmerz ist ein Labsal
für die verwundete Seele.
Groß bist du, beglückende Wunde,
denn groß ist der,
der dich geschlagen;
und groß ist dein Segen,
weil er unendlicher Liebe entspringt.
O selige Wunde,
du spendest um so tiefere Freude,
je mehr dein Schmerz
die Tiefen der Seele erfaßt
und alles verzehrt,
was entzündet werden kann;
erfülle alles mit der Freude des Himmels,
was dazu berufen ist!

(Erläuterung zur „Lebendigen Liebesflamme" B 2,8)

Lass mein Herz aus Liebe sterben!

Du hast dieses Herz verwundet,
warum heilst du es nicht?
Wenn du es verletzt
und so tief verwundet hast,
warum heilst du es nicht
und läßt es aus Liebe sterben?
Du hast es durch die Liebe schmerzlich verwundet,
nun heile es auch durch das Sterben aus Liebe;
denn das Herz leidet unter dem Schmerz
über deine Abwesenheit,
es kann nur Heilung finden
durch deine beglückende Nähe,
deine innige Gegenwart.

(Erläuterung zum „Lied der Liebe" B 9,3)

Ein Licht, das deine Herrlichkeit enthüllt

Du Abgrund der Seligkeit,
der um so verschwenderischer überquillt,
je mehr deine Schätze
in der unendlichen Einheit und Einfachheit
deines Wesens vereinigt sind!
So erkennt und kostet man das eine,
ohne daß es das vollkommene Erfassen
und Genießen des anderen ausschließt.
Jede Schönheit und Kraft,
die sich in dir findet, ist ein Licht,
das eine andere Herrlichkeit in dir enthüllt;
denn da du ganz lauter und rein bist,
o göttliche Weisheit,
erkennt man viele Dinge in dir,
wenn man nur eines sieht.
Bist du doch die Schatzkammer
der Kostbarkeiten des Vaters,
der Abglanz des ewigen Lichtes,
der Spiegel ohne Makel
und das Ebenbild seiner Güte (vgl. Weish 7,26).

(Erläuterung zur „Lebendigen Liebesflamme" B 3,17)

Deine Liebe werde ich erfahren

Mein Bräutigam,
was du mir bestimmtest
am Tag deiner Ewigkeit,
das Maß an seliger Freude,
das du mir zugedacht,
als es dir gefiel,
mich ins Leben zu rufen,
das wirst du mir droben geben
am Tag meiner Vermählung,
meiner ewigen Hochzeit,
dem Tag meines Jubels und meiner Freude.
Dann wirst du mich,
befreit von den Fesseln des Fleisches,
einführen in die Gemächer deiner Liebe.
Umgewandelt in deine Schönheit,
werde ich mit dir den süßen Most
deiner Granatäpfel trinken.

(Erläuterung zum „Lied der Liebe“ B 38,9)

Eins sein in Gott

„Wie du, Vater, in mir bist
und ich in dir bin,
sollen auch sie in uns sein.“
(Joh 17,21)

Womit vertut ihr die Zeit?

Ihr Seelen,
zu solcher Herrlichkeit
seid ihr erschaffen und berufen,
was tut ihr doch,
womit vertut ihr die Zeit?
Euer Trachten ist niedrig,
eure Schätze sind Scherben!
Wie blind sind die Augen eurer Seele,
daß ihr solches Licht nicht gewahrt!
Wie taub seid ihr für so mächtige Stimmen!
Ihr merkt nicht,
wie elend und niedrig ihr bleibt
bei allem Hasten nach Größe und Ehre,
unwürdig eines solch unsagbaren Heils!

(Erläuterung zum „Lied der Liebe“ B 39,7)

Wenn die Seele allein mit Gott lebt

In der Einsamkeit, in der die Seele losgelöst ist von allen Geschöpfen und allein mit Gott lebt, ist er es, der sie führt, anregt und zu göttlichen Dingen erhebt. Der Verstand wird fähig zur Erkenntnis der göttlichen Dinge, da er sich freigemacht und entledigt hat von allen schädlichen und fremden Erkenntnissen. Den Willen erhebt er ungehindert zur Liebe Gottes, da er frei ist und abgeschieden von allen anderen Neigungen. Und das Gedächtnis erfüllt er mit göttlichen Erinnerungen, weil es leer und frei geworden ist von allen anderen Vorstellungen und Phantasiegebilden. Sobald die Seele nämlich frei geworden ist und auf jedes zeitliche Interesse verzichtet hat, sobald sie sich sogar den Besitz der geistigen Güter versagt und sich in dieser Leere bewahrt, wird sie von Gott unmittelbar dem Übernatürlichen und Göttlichen zugewandt; und er selbst übernimmt die Führung in dieser Vereinsamung. Wie der heilige Paulus von den Vollkommenen sagt: Sie lassen sich vom Geist Gottes leiten (vgl. Röm 8,14).

Die Seele wird in die Einsamkeit geführt allein von ihrem Vielgeliebten. Der Geliebte führt sie nicht nur in ihre Einsamkeit, er ist es auch, der in ihr wirkt, ohne sich irgendeiner Mithilfe zu bedienen. Denn bei der Vereinigung der Seele mit Gott in der mystischen Vermählung wirkt er in ihr und teilt sich ihr unmittelbar mit – einzig durch sich selbst und nicht durch Engel oder mittels einer natürlichen Kraft. Alle inneren und äußeren Sinne, die geschaffenen Dinge, ja die Seele selbst, können ihrerseits fast nichts beitragen, wenn Gott zu dieser Zeit der Seele seine übernatürlichen Gnaden schenkt. Denn diese werden nicht durch die natürlichen Fähigkeiten und Anstrengungen der Seele erworben: Gott ganz allein verleiht sie ihr. Und er handelt so, weil er sie einsam findet; er will ihr keinen anderen Gefährten geben und sie niemand anderem anvertrauen als sich selbst. Und es ist nur recht und billig, daß Gott selbst der Führer und Wegweiser der Seele bei ihrem Aufstieg zu ihm ist, wo sie doch alles verlassen und alles eingesetzt hat, um über alles hinweg sich zu Gott zu erheben. Sie hat sich in ihrer Vereinsamung von allem abgewandt und sich über alles erhoben; deshalb nützt und hilft ihr nur ihr Bräutigam, das Wort. Er will ihr allein diese Gnaden verleihen, weil er selbst von der Liebe zu ihr verwundet ist. Liebt der Bräutigam die Seele schon in ihrer Einsamkeit, so ist er jetzt noch weit mehr von Liebe zu ihr ergriffen, weil sie aus Liebe zu ihm von allen Dingen geschieden sein wollte. Darum wollte er sie nicht alleinlassen. Verwundet von ihr, von ihrer Einsamkeit um seinetwillen, führt er sie zu sich. In nichts anderem findet sie Frieden. Darum zieht er sie an sich und nimmt sie ganz in sich auf; was er nicht getan hätte, wenn er sie nicht in dieser geistlichen Vereinsamung getroffen hätte.

(Erläuterung zum „Lied der Liebe“ B 35,5-7)

Anteil am himmlischen Leben

Ohne Hilfe und doch mit deinem Beistand,
ohne Licht im Finstern lebend,
bin ich dabei, mich gänzlich zu verzehren.

Obwohl Finsternis mich bedrängt
in diesem sterblichen Leben,
ist mein Leiden nicht größer geworden;
obwohl ich ohne Licht bin,
habe ich Anteil am himmlischen Leben;
denn solches Leben schenkt mir die Liebe.
Je blinder sie wird,
um so mehr hält sie die Seele umfangen,
die ohne Licht im Finstern lebt.

Das ist das Werk der Liebe,
seitdem ich sie erkannt habe:
Ob mir Gutes geschieht oder Böses,
sie gibt immer die gleiche Freude
und wandelt die Seele um.

In ihrer kostbaren Flamme,
erfüllt von ihrer Glut,
eilends und nichts aussparend,
bin ich dabei, mich gänzlich zu verzehren.

(Aus den Gedichten)

Die Gabe Gottes

Großer Gott und Herr der Liebe,
welch einen Reichtum schenkst du dem,
der nichts liebt und nichts begehrt als dich!
Denn du gibst dich selbst
und machst dich eins mit ihm aus Liebe.
In dieser Einheit
findet die Seele Freude und Liebe,
was sie am meisten von dir ersehnt
und was ihr am meisten zum Heil gereicht.

(Aus einem Brief an Doña Juana de Pedraza, 1589)

Du kannst jetzt schon Gott lieben

Mein Herr, mein Geliebter,
wenn du mir nicht gewährst,
worum ich dich bitte,
weil du noch meiner Sünden gedenkst,
so geschehe auch darin,
mein Gott, dein Wille;
denn ihn will ich vor allem.
Handle nach deiner Güte und Barmherzigkeit,
und werde darin offenbar!
Erwartest du aber Werke von mir,
um mir zu gewähren, worum ich dich bitte,
dann gib sie mir, und vollende sie in mir.
Wenn du es wünschst,
schenke ich dir auch mein Leid.
Erwartest du aber nicht meine Werke,
was erwartest du dann,
gütiger Herr?
Warum säumst du?
Wenn es Gnade und Erbarmen ist,
was ich von dir in deinem Sohn erbitte,
so nimm meine kleine Gabe an
und gewähre mir das Heil,
das du selbst mir bereitet hast.
Wer kann sich je befreien
von seinem niederen Tun und Wesen,
wenn du, mein Gott,
ihn nicht aus reiner Liebe erhebst?
Wie könnte der Mensch,
in Niedrigkeit gezeugt und aufgewachsen,

sich zu dir erheben,
wenn du, Herr, ihn nicht tragen würdest
mit der Hand, die ihn schuf?
Du wirst mir nicht nehmen, mein Gott,
was du mir einmal gewährt hast
in deinem eingeborenen Sohn Jesus Christus.
In ihm gabst du mir alles, was ich begehre.
Darum will ich mich freuen;
denn du wirst nicht säumen,
wenn ich dich hoffend erwarte.

Aber worauf wartest du denn noch, Seele?
Du kannst doch jetzt schon Gott lieben.
Mein sind die Himmel, und mein ist die Erde.
Mein sind die Menschen,
die Gerechten sind mein,
und mein sind die Sünder.
Die Engel sind mein und die Gottesmutter,
alles Geschaffene ist mein.
Gott selbst ist mein und für mich.
Was begehrst du mehr,
und was suchst du noch, meine Seele?
Dies alles ist dein, und alles ist für dich.
Halte dich nicht auf bei Nebensächlichem,
und begnüge dich nicht mit den Brosamen,
die vom Tisch deines Vaters fallen.
Wohlan, sei stolz auf deine Würde,
verbirg dich in ihr und freue dich:
Du wirst erlangen, was dein Herz begehrt.

(Gebet der liebenden Seele)

Schweigend will ich mich dir nahen

Wie beseligend wird einst
deine Gegenwart für mich sein,
der du das höchste Gut bist!
Schweigend und mit entblößten Füßen
will ich mich dir nahen,
damit du mich würdig findest,
mich dir anzuvermählen.
Nicht eher werde ich Ruhe finden,
bis ich dieses Glück erlangt habe
in deinen Armen.
Und ich bitte dich, Herr,
laß mich nie allein,
wenn ich mich sammeln will,
denn ich selbst zerstreue nur meine Seele.

(Weisungen der Liebe 43)

Ich sterbe, weil ich nicht sterbe

Ich lebe, ohne in mir zu leben,
und ich hoffe zu sterben,
weil ich nicht sterbe.

Wenn ich nicht mehr in mir lebe
und ohne Gott nicht leben kann,
wenn ich seiner und meiner selbst beraubt bin,
was ist dann noch in diesem Leben?
Tausend Tode wird es mir geben,
da ich auf mein eigenes Leben warte,
sterbend, weil ich nicht sterbe.

Dieses Leben, das ich lebe,
Entbehrung des Lebens ist es
und ein ständiges Sterben,
bis ich mit dir zusammen lebe.
Höre, mein Gott, was ich sage:
Nach diesem Leben verlange ich nicht,
da ich sterbe, weil ich nicht sterbe.

Bin ich fern von dir,
was für ein Leben kann ich haben?
Nur den Tod kann ich erleiden,
den schlimmsten, den ich kenne.
Mitleid empfinde ich mit mir,
daß ich in diesem Zustand verharre,
daß ich sterbe, weil ich nicht sterbe.

Der Fisch, den man aus dem Wasser holt,
ein Trost fehlt ihm nicht:
Im Tod, den er erleidet,
findet er wirklich den Tod.
Doch welcher Tod ist zu vergleichen
mit meinem so jämmerlichen Leben?
Je mehr ich lebe, desto mehr sterbe ich.

Und wenn ich denke, daß es mich tröstet,
dich im Sakrament zu sehen,
so wird mein Leid noch größer,
weil ich mich deiner nicht freuen kann.
Alles vermehrt meinen Schmerz,
weil ich dich nicht schaue, wie ich möchte,
und sterbe, weil ich nicht sterbe.

Und wenn ich mich freue, Herr,
in der Hoffnung, dich schauen zu können,
so wird mein Schmerz doppelt groß
im Gedanken, daß ich dich verlieren könnte.
In solchem Schrecken lebend
und hoffend auf das, was ich erwarte,
sterbe ich, weil ich nicht sterbe.

Befreie mich von diesem Tod,
mein Gott, und schenke mir das Leben.
Halte mich nicht gefangen
in dieser so festen Schlinge!
Schau meinen Schmerz, dich nicht zu sehen,
mein großes Leid,
daß ich sterbe, weil ich nicht sterbe.

So werde ich meinen Tod beweinen
und über mein Leben klagen,
solange es gefangen bleibt
im Kerker meiner Sünden.
Mein Gott, wann wird es sein,
wann werde ich wirklich sagen können:
Jetzt lebe ich, weil ich nicht sterbe?

(Aus den Gedichten)

Dunkel bin ich, aber schön

Ihr Seelen,
die ihr nichts von solchen Gnaden wißt,
wundert euch nicht darüber,
daß der himmlische König
mir so große Huld erwiesen und mich
in seine innerste Liebe hineingenommen hat.
Denn bin ich auch dunkel,
so hat er doch auf mich geblickt,
er gab sich nicht zufrieden,
bis er sich mit mir vermählte
und mich in das innerste Gemach
seiner Liebe aufnahm.

(Erläuterung zum „Lied der Liebe“ B 33,7)

Getragen von Flügeln der Hoffnung

Nach einer Begegnung der Liebe,
getragen von Flügeln der Hoffnung,
flog ich so hoch, so hoch,
daß ich das Ziel erreichte.

Damit ich das Ziel erreichte
in dieser göttlichen Begegnung,
mußte ich so weit fliegen,
daß ich mir aus dem Blick entschwand.
Und dennoch, im letzten Augenblick,
reichte die Flugkraft nicht aus;
aber die Liebe erhob mich so hoch,
daß ich das Ziel erreichte.

Als ich höher hinaufstieg,
wurde meine Sicht geblendet,
und die größte Eroberung
ereignete sich im Dunklen.
Aber weil es die Begegnung mit der Liebe war,
tat ich einen blinden und dunklen Sprung,
und ich kam so hoch, so hoch,
daß ich das Ziel erreichte.

Je höher ich hinaufstieg
in dieser so erhabenen Begegnung,
desto niedriger und schwächer
und niedergeschlagener war ich.
Ich glaubte: Niemand wird das je erreichen,
und ich sank so tief, so tief,

daß ich aufstieg so hoch, so hoch,
daß ich das Ziel erreichte.

Auf außergewöhnliche Weise
durchflog ich tausend Flüge in einem Flug,
weil die Hoffnung vom Himmel
so viel erreicht, wie sie erhofft.
Ich erhoffte nur diese Begegnung,
und im Hoffen habe ich nicht nachgelassen;
darum kam ich so hoch, so hoch,
daß ich das Ziel erreichte.

(Aus den Gedichten)

Tiefverborgene Einigung

Verbirg dich doch, du Vielgeliebter,
und kehr dein Angesicht den Bergen zu;
laß keinen Laut von dir vernehmen;
schau vielmehr hin auf jene, die mich geleiten
auf meinem Zug durch wundersame Inselweiten.

(Das Lied der Liebe 19)

Dein Erwachen im Grund meiner Seele

O Wort und Bräutigam,
wie sanft und liebevoll
ist dein Erwachen im Grund,
in der Mitte meiner Seele,
in ihrem reinen, innersten Wesen,
wo du, alleiniger Herr,
verborgen und heimlich,
nicht nur wie in deinem Hause
und auf deinem Lager,
sondern aufs innigste
und engste mit mir vereint,
in meinem eigenen Schoße weilst!
Und wie zärtlich
weckst du meine Zuneigung zu dir
mit dem Hauch deiner Liebe
bei deinem Erwachen!
Wonnevoll ist es für mich,
voll Glück und Seligkeit.

(Erläuterung zur „Lebendigen Liebesflamme“ B 4,3)

Werke des heiligen Johannes vom Kreuz:

A – Hauptwerke

Der Aufstieg zum Berg Karmel
Die Dunkle Nacht
Das Lied der Liebe
Die lebendige Liebesflamme

B – Kleinere Schriften

Gedichte (20)
Auf kleine Zettel geschriebene Leitsätze (181)
Vorsichtsregeln (3)
Anweisungen an einen Ordensmann (4)
Briefe (34)

Erst 27 Jahre nach dem Tod des Johannes vom Kreuz wurden einige seiner Werke gedruckt. Die erste vollständige Ausgabe seiner Schriften erschien 1630 in Madrid, die erste deutsche Übersetzung 1697 in Prag.
Derzeit ist das Gesamtwerk in zwei deutschsprachigen Ausgaben lieferbar:
– Des Heiligen Johannes vom Kreuz sämtliche Werke in fünf Bänden. München 1924–1929.
– Johannes vom Kreuz. Sämtliche Werke.
Einsiedeln 1961–1964.

Zeittafel

1542 Juan de Yepes wird in Fontivera (bei Avila) geboren.

1563 Eintritt in den Karmel zu Medina del Campo.

1564-68 Bruder Johannes vom hl. Mathias studiert in Salamanca Philosophie und Theologie. Er faßt den Entschluß, in den strengen Orden der Kartäuser einzutreten.

1567 Priesterweihe. Die erste Begegnung mit der 27 Jahre älteren Teresa, die ihn als Mitarbeiter für die Reform des Karmelitenordens gewinnt.

1568 Gründung des ersten Reformklosters in Duruelo: „Ein wahrer Stall von Bethlehem" (Teresa von Avila). Bis zu seinem Lebensende entstehen über 50 Klöster der sogenannten Unbeschuhten oder Kontemplativen Karmeliten. Johannes, der sich von nun an „vom Kreuz" nennt, wirkt an verschiedenen Orten als Novizenmeister und geistlicher Führer.

1572–77 Seelsorger im Kloster „Von der Menschwerdung" zu Avila, wo Teresa Priorin ist.

1577 Der Konflikt der beiden Zweige der Karmeliter spitzt sich zu. Johannes wird neun Monate lang in einem Kerker zu Toledo gefangengehalten. In dieser leidvollen Zeit festigt sich seine Berufung zum beschaulichen Leben.
Seine ersten Gedichte entstehen.

1582–88 Nach dem Tod der „fundadora e madre" Teresa wirkt Johannes an verschiedenen Orten Andalusiens als Rektor, Spiritual und Prior der reformierten Karmeliten.

1588 Prior des Reformklosters in Segovia.

1591 Johannes vom Kreuz stirbt am 14. Dezember in Ubeda (Andalusien).

Inhalt

In der gleichen Reihe erschienen:

Augustinus
GIB MIR EIN HERZ,
DAS AN DICH DENKT
Gebete

136 Seiten, gebunden
ISBN 3-87996-175-1

„Der Kirchenvater Augustinus (354–430) war durch vielerlei Anfechtungen und Kämpfe hindurchgegangen, bis er schließlich zum Glauben fand. Ein ‚richtiges' Gebetbuch hat er nicht hinterlassen. Die vorliegenden 70 Gebete wurden aus seinem umfangreichen Gesamtwerk ausgewählt und zusammengestellt. Sie sind ein Querschnitt der ständigen Zwiesprache eines Suchenden mit seinem Gott."

Konradsblatt

Wolfgang Bader (Hrsg.)
FRANZ VON ASSISI - GEBETE

112 Seiten, gebunden
ISBN 3-87996-191-3

„Das Beispiel des Armen, der die Welt bereichert hat, des Ungebildeten, der Theologie und Kunst neue Impulse gab, des Zurückgezogenen, dem die ganze Welt nachzulaufen schien, dieses Beispiel hat eine Wurzel: die Beziehung zu Gott. Nichts kann davon ein besseres Zeugnis ablegen als seine Gebete, die aus vielen Quellen zusammengetragen und in eine einfache Sprache übersetzt wurden, die zum Mitbeten einlädt. Da oftmals die Hintergründe und Lebenssituationen geschildert werden, aus denen heraus die Gebete entstanden sind, vermittelt dieses Buch ein Innenleben des Mannes, von dem die Chronik sagt, er sei Christus am ähnlichsten gewesen."

Fuldaer Zeitung

VERLAG NEUE STADT MÜNCHEN · ZÜRICH · WIEN